I0364376

On the Move

This Planner Belongs to

Moving

Moving On the

Moving From

Moving To

DEDICATION

This TIME TO MOVE MY SHIT Moving Planner is dedicated to all the overwhelmed movers out there who are looking to make a cross-country or local move easier. We know that staying organized during a move takes work and time and having a central place to keep everything organized (even if your phone battery runs out!) is essential. We're honored and glad if we help make your day easier in any way!

YOU are my inspiration for producing this funny TIME TO MOVE MY SHIT Moving Planner Notebooks and I'm honored to be a part of keeping all of your essential moving information, experiences, and notes organized all in one easy to find spot.

Be safe and enjoy!

HOW TO USE

This TIME TO MOVE MY SHIT Moving Planner is perfect for staying organized! Here are a few tips on how to use this Moving Planner :

1. What gets logged/recorded gets done!
2. Record all important phone numbers for easy and quick access.
3. If you're feeling overwhelmed remember to take a breather of even just a couple of minutes.
4. A small amount of planning every day is better than rushing everything all at once (sometimes not possible).
5. Online research is crucial to finding the best companies and products for moving. Read the reviews!

Moving Companies

Company Name:

Address:

Phone Number:

Email:

Cost/Quote:

Availability:

Notes:

Company Name:

Address:

Phone Number:

Email:

Cost/Quote:

Availability:

Notes:

Moving Companies

Company Name:

Address:

Phone Number:

Email:

Cost/Quote:

Availability:

Notes:

Company Name:

Address:

Phone Number:

Email:

Cost/Quote:

Availability:

Notes:

Moving Companies

Company Name:

Address:

Phone Number:

Email:

Cost/Quote:

Availability:

Notes:

Company Name:

Address:

Phone Number:

Email:

Cost/Quote:

Availability:

Notes:

Moving Checklist

2 Months Before		
■	■	■
■	■	■
■	■	■
■	■	■
■	■	■
■	■	■

6 Weeks Before		
■	■	■
■	■	■
■	■	■
■	■	■
■	■	■
■	■	■

Moving Checklist

1 Month Before		
■	■	■
■	■	■
■	■	■
■	■	■
■	■	■
■	■	■

2 Weeks Before		
■	■	■
■	■	■
■	■	■
■	■	■
■	■	■
■	■	■

Moving Checklist

3 Days Before

■	■	■
■	■	■
■	■	■
■	■	■
■	■	■
■	■	■

On the Day of the Move

■	■	■
■	■	■
■	■	■
■	■	■
■	■	■
■	■	■

Moving Instructions

Room:

Room Height

Room Depth

Room Width

Furniture Checklist		
■	■	■
■	■	■
■	■	■
■	■	■
■	■	■
■	■	■

Box/Items Checklist		
■	■	■
■	■	■
■	■	■
■	■	■
■	■	■
■	■	■

Floor Plan

Notes/Moving Instructions

Moving Instructions

Room:

Room Height | Room Depth | Room Width

Furniture Checklist		
■	■	■
■	■	■
■	■	■
■	■	■
■	■	■
■	■	■

Box/Items Checklist		
■	■	■
■	■	■
■	■	■
■	■	■
■	■	■
■	■	■

Floor Plan

Notes/Moving Instructions

Moving Instructions

Room:

Room Height		Room Depth		Room Width	

Furniture Checklist		
■	■	■
■	■	■
■	■	■
■	■	■
■	■	■
■	■	■

Box/Items Checklist		
■	■	■
■	■	■
■	■	■
■	■	■
■	■	■
■	■	■

Floor Plan

Notes/Moving Instructions

Moving Instructions

Room:

Room Height | Room Depth | Room Width

Furniture Checklist

■	■	■
■	■	■
■	■	■
■	■	■
■	■	■
■	■	■

Box/Items Checklist

■	■	■
■	■	■
■	■	■
■	■	■
■	■	■
■	■	■

Floor Plan

Notes/Moving Instructions

Moving Instructions

Room:

Room Height | Room Depth | Room Width

Furniture Checklist		
▪	▪	▪
▪	▪	▪
▪	▪	▪
▪	▪	▪
▪	▪	▪
▪	▪	▪

Box/Items Checklist		
▪	▪	▪
▪	▪	▪
▪	▪	▪
▪	▪	▪
▪	▪	▪
▪	▪	▪

Floor Plan

Notes/Moving Instructions

Moving Instructions

Room:

Room Height | Room Depth | Room Width

Furniture Checklist		
▪	▪	▪
▪	▪	▪
▪	▪	▪
▪	▪	▪
▪	▪	▪
▪	▪	▪

Box/Items Checklist		
▪	▪	▪
▪	▪	▪
▪	▪	▪
▪	▪	▪
▪	▪	▪
▪	▪	▪

Floor Plan

Notes/Moving Instructions

Moving Instructions

Room:

Room Height		Room Depth		Room Width	

Furniture Checklist		
■	■	■
■	■	■
■	■	■
■	■	■
■	■	■
■	■	■

Box/Items Checklist		
■	■	■
■	■	■
■	■	■
■	■	■
■	■	■
■	■	■

Floor Plan

Notes/Moving Instructions

Moving Instructions

Room:

Room Height | Room Depth | Room Width

Furniture Checklist		
■	■	■
■	■	■
■	■	■
■	■	■
■	■	■
■	■	■

Box/Items Checklist		
■	■	■
■	■	■
■	■	■
■	■	■
■	■	■
■	■	■

Floor Plan

Notes/Moving Instructions

Moving Instructions

Room:

Room Height | Room Depth | Room Width

Furniture Checklist		
■	■	■
■	■	■
■	■	■
■	■	■
■	■	■
■	■	■

Box/Items Checklist		
■	■	■
■	■	■
■	■	■
■	■	■
■	■	■
■	■	■

Floor Plan

Notes/Moving Instructions

Moving Instructions

Room:

Room Height | Room Depth | Room Width

Furniture Checklist

■	■	■
■	■	■
■	■	■
■	■	■
■	■	■
■	■	■

Box/Items Checklist

■	■	■
■	■	■
■	■	■
■	■	■
■	■	■
■	■	■

Floor Plan

Notes/Moving Instructions

Moving Instructions

Room:	

Room Height		Room Depth		Room Width	

Furniture Checklist

■	■	■
■	■	■
■	■	■
■	■	■
■	■	■
■	■	■

Box/Items Checklist

■	■	■
■	■	■
■	■	■
■	■	■
■	■	■
■	■	■

Floor Plan

Notes/Moving Instructions

Moving Instructions

Room:

Room Height		Room Depth		Room Width	

Furniture Checklist

■	■	■
■	■	■
■	■	■
■	■	■
■	■	■
■	■	■

Box/Items Checklist

■	■	■
■	■	■
■	■	■
■	■	■
■	■	■
■	■	■

Floor Plan

Notes/Moving Instructions

Moving Instructions

Room:

Room Height | Room Depth | Room Width

Furniture Checklist

■	■	■
■	■	■
■	■	■
■	■	■
■	■	■
■	■	■

Box/Items Checklist

■	■	■
■	■	■
■	■	■
■	■	■
■	■	■
■	■	■

Floor Plan

Notes/Moving Instructions

Moving Instructions

Room:	

Room Height		Room Depth		Room Width	

Furniture Checklist

■	■	■
■	■	■
■	■	■
■	■	■
■	■	■
■	■	■

Box/Items Checklist

■	■	■
■	■	■
■	■	■
■	■	■
■	■	■
■	■	■

Floor Plan

Notes/Moving Instructions

Moving Instructions

Room:

Room Height | Room Depth | Room Width

Furniture Checklist		
■	■	■
■	■	■
■	■	■
■	■	■
■	■	■
■	■	■

Box/Items Checklist		
■	■	■
■	■	■
■	■	■
■	■	■
■	■	■
■	■	■

Packing Contents

Box Number:

■	■	■
■	■	■
■	■	■
■	■	■
■	■	■
■	■	■

Box Number:

■	■	■
■	■	■
■	■	■
■	■	■
■	■	■
■	■	■

Packing Contents

Box Number:		
■	■	■
■	■	■
■	■	■
■	■	■
■	■	■
■	■	■

Box Number:		
■	■	■
■	■	■
■	■	■
■	■	■
■	■	■
■	■	■

Packing Contents

Box Number:		
■	■	■
■	■	■
■	■	■
■	■	■
■	■	■
■	■	■

Box Number:		
■	■	■
■	■	■
■	■	■
■	■	■
■	■	■
■	■	■

Packing Contents

Box Number:

■	■	■
■	■	■
■	■	■
■	■	■
■	■	■
■	■	■

Box Number:

■	■	■
■	■	■
■	■	■
■	■	■
■	■	■
■	■	■

Packing Contents

Box Number:		
■	■	■
■	■	■
■	■	■
■	■	■
■	■	■
■	■	■

Box Number:		
■	■	■
■	■	■
■	■	■
■	■	■
■	■	■
■	■	■

Packing Contents

Box Number:		
▪	▪	▪
▪	▪	▪
▪	▪	▪
▪	▪	▪
▪	▪	▪
▪	▪	▪

Box Number:		
▪	▪	▪
▪	▪	▪
▪	▪	▪
▪	▪	▪
▪	▪	▪
▪	▪	▪

Packing Contents

Box Number:		
■	■	■
■	■	■
■	■	■
■	■	■
■	■	■
■	■	■

Box Number:		
■	■	■
■	■	■
■	■	■
■	■	■
■	■	■
■	■	■

Packing Contents

Box Number:		
■	■	■
■	■	■
■	■	■
■	■	■
■	■	■
■	■	■

Box Number:		
■	■	■
■	■	■
■	■	■
■	■	■
■	■	■
■	■	■

Packing Contents

Box Number:		
■	■	■
■	■	■
■	■	■
■	■	■
■	■	■
■	■	■

Box Number:		
■	■	■
■	■	■
■	■	■
■	■	■
■	■	■
■	■	■

Packing Contents

Box Number:

■	■	■
■	■	■
■	■	■
■	■	■
■	■	■
■	■	■

Box Number:

■	■	■
■	■	■
■	■	■
■	■	■
■	■	■
■	■	■

Packing Contents

Box Number:

■	■	■
■	■	■
■	■	■
■	■	■
■	■	■
■	■	■

Box Number:

■	■	■
■	■	■
■	■	■
■	■	■
■	■	■
■	■	■

Packing Contents

Box Number:		
■	■	■
■	■	■
■	■	■
■	■	■
■	■	■
■	■	■

Box Number:		
■	■	■
■	■	■
■	■	■
■	■	■
■	■	■
■	■	■

Packing Contents

Box Number:		
■	■	■
■	■	■
■	■	■
■	■	■
■	■	■
■	■	■

Box Number:		
■	■	■
■	■	■
■	■	■
■	■	■
■	■	■
■	■	■

Packing Contents

Box Number:		
■	■	■
■	■	■
■	■	■
■	■	■
■	■	■
■	■	■

Box Number:		
■	■	■
■	■	■
■	■	■
■	■	■
■	■	■
■	■	■

Packing Contents

Box Number:

■	■	■
■	■	■
■	■	■
■	■	■
■	■	■
■	■	■

Box Number:

■	■	■
■	■	■
■	■	■
■	■	■
■	■	■
■	■	■

Packing Contents

Box Number:		
■	■	■
■	■	■
■	■	■
■	■	■
■	■	■
■	■	■

Box Number:		
■	■	■
■	■	■
■	■	■
■	■	■
■	■	■
■	■	■

Packing Contents

Box Number:		
■	■	■
■	■	■
■	■	■
■	■	■
■	■	■
■	■	■

Box Number:		
■	■	■
■	■	■
■	■	■
■	■	■
■	■	■
■	■	■

Packing Contents

Box Number:		
■	■	■
■	■	■
■	■	■
■	■	■
■	■	■
■	■	■

Box Number:		
■	■	■
■	■	■
■	■	■
■	■	■
■	■	■
■	■	■

Packing Contents

Box Number:		
■	■	■
■	■	■
■	■	■
■	■	■
■	■	■
■	■	■

Box Number:		
■	■	■
■	■	■
■	■	■
■	■	■
■	■	■
■	■	■

Packing Contents

Box Number:		
■	■	■
■	■	■
■	■	■
■	■	■
■	■	■
■	■	■

Box Number:		
■	■	■
■	■	■
■	■	■
■	■	■
■	■	■
■	■	■

Packing Contents

Box Number:		
■	■	■
■	■	■
■	■	■
■	■	■
■	■	■
■	■	■

Box Number:		
■	■	■
■	■	■
■	■	■
■	■	■
■	■	■
■	■	■

Packing Contents

Box Number:

■	■	■
■	■	■
■	■	■
■	■	■
■	■	■
■	■	■

Box Number:

■	■	■
■	■	■
■	■	■
■	■	■
■	■	■
■	■	■

Packing Contents

Box Number:		
■	■	■
■	■	■
■	■	■
■	■	■
■	■	■
■	■	■

Box Number:		
■	■	■
■	■	■
■	■	■
■	■	■
■	■	■
■	■	■

Packing Contents

Box Number:		
■	■	■
■	■	■
■	■	■
■	■	■
■	■	■
■	■	■

Box Number:		
■	■	■
■	■	■
■	■	■
■	■	■
■	■	■
■	■	■

Packing Contents

Box Number:

■	■	■
■	■	■
■	■	■
■	■	■
■	■	■
■	■	■

Box Number:

■	■	■
■	■	■
■	■	■
■	■	■
■	■	■
■	■	■

Packing Contents

Box Number:		
■	■	■
■	■	■
■	■	■
■	■	■
■	■	■
■	■	■

Box Number:		
■	■	■
■	■	■
■	■	■
■	■	■
■	■	■
■	■	■

Packing Contents

Box Number:		
▪	▪	▪
▪	▪	▪
▪	▪	▪
▪	▪	▪
▪	▪	▪
▪	▪	▪

Box Number:		
▪	▪	▪
▪	▪	▪
▪	▪	▪
▪	▪	▪
▪	▪	▪
▪	▪	▪

Packing Contents

Box Number:		
■	■	■
■	■	■
■	■	■
■	■	■
■	■	■
■	■	■

Box Number:		
■	■	■
■	■	■
■	■	■
■	■	■
■	■	■
■	■	■

Packing Contents

Box Number:		
■	■	■
■	■	■
■	■	■
■	■	■
■	■	■
■	■	■

Box Number:		
■	■	■
■	■	■
■	■	■
■	■	■
■	■	■
■	■	■

Packing Contents

Box Number:

■	■	■
■	■	■
■	■	■
■	■	■
■	■	■
■	■	■

Box Number:

■	■	■
■	■	■
■	■	■
■	■	■
■	■	■
■	■	■

Packing Contents

Box Number:		
■	■	■
■	■	■
■	■	■
■	■	■
■	■	■
■	■	■

Box Number:		
■	■	■
■	■	■
■	■	■
■	■	■
■	■	■
■	■	■

Packing Contents

Box Number:		
■	■	■
■	■	■
■	■	■
■	■	■
■	■	■
■	■	■

Box Number:		
■	■	■
■	■	■
■	■	■
■	■	■
■	■	■
■	■	■

Packing Contents

Box Number:		
■	■	■
■	■	■
■	■	■
■	■	■
■	■	■
■	■	■

Box Number:		
■	■	■
■	■	■
■	■	■
■	■	■
■	■	■
■	■	■

Packing Contents

Box Number:		
■	■	■
■	■	■
■	■	■
■	■	■
■	■	■
■	■	■

Box Number:		
■	■	■
■	■	■
■	■	■
■	■	■
■	■	■
■	■	■

Packing Contents

Box Number:		
■	■	■
■	■	■
■	■	■
■	■	■
■	■	■
■	■	■

Box Number:		
■	■	■
■	■	■
■	■	■
■	■	■
■	■	■
■	■	■

Packing Contents

Box Number:		
■	■	■
■	■	■
■	■	■
■	■	■
■	■	■
■	■	■

Box Number:		
■	■	■
■	■	■
■	■	■
■	■	■
■	■	■
■	■	■

Packing Contents

Box Number:

▪	▪	▪
▪	▪	▪
▪	▪	▪
▪	▪	▪
▪	▪	▪
▪	▪	▪

Box Number:

▪	▪	▪
▪	▪	▪
▪	▪	▪
▪	▪	▪
▪	▪	▪
▪	▪	▪

Packing Contents

Box Number:		
■	■	■
■	■	■
■	■	■
■	■	■
■	■	■
■	■	■

Box Number:		
■	■	■
■	■	■
■	■	■
■	■	■
■	■	■
■	■	■

Packing Contents

Box Number:		
■	■	■
■	■	■
■	■	■
■	■	■
■	■	■
■	■	■

Box Number:		
■	■	■
■	■	■
■	■	■
■	■	■
■	■	■
■	■	■

Packing Contents

Box Number:		
■	■	■
■	■	■
■	■	■
■	■	■
■	■	■
■	■	■

Box Number:		
■	■	■
■	■	■
■	■	■
■	■	■
■	■	■
■	■	■

Packing Contents

Box Number:		
■	■	■
■	■	■
■	■	■
■	■	■
■	■	■
■	■	■

Box Number:		
■	■	■
■	■	■
■	■	■
■	■	■
■	■	■
■	■	■

Packing Contents

Box Number:

■	■	■
■	■	■
■	■	■
■	■	■
■	■	■
■	■	■

Box Number:

■	■	■
■	■	■
■	■	■
■	■	■
■	■	■
■	■	■

Things to Sell

ITEM TO SELL	PRICE	B UYER

Things to Sell

ITEM TO SELL	PRICE	BUYER

Things to Sell

ITEM TO SELL	PRICE	B UYER

Things to Sell

ITEM TO SELL	PRICE	BUYER

Things to Sell

ITEM TO SELL	PRICE	B UYER

Things to Sell

ITEM TO SELL	PRICE	BUYER

Things to Sell

ITEM TO SELL	PRICE	B UYER

Things to Sell

ITEM TO SELL	PRICE	BUYER

Things to Sell

ITEM TO SELL	PRICE	B UYER

Things to Sell

ITEM TO SELL	PRICE	BUYER

www.ingramcontent.com/pod-product-compliance
Lightning Source LLC
Chambersburg PA
CBHW081157070526
44583CB00021B/2888